The Posthumous
Life of RW

Other Books by Jean Frémon
in English Translation

Island of the Dead, translated by Cole Swensen,
Green Integer, 2003

Distant Noise, translated by Norma Cole, Lydia Davis,
Serge Gavronsky, and Cole Swensen,
Avec Books, 2003

The Paradoxes of Robert Ryman, translated by Brian Evenson,
Black Square Editions/The Brooklyn Rail, 2008

The Real Life of Shadows, translated by Cole Swensen,
Post Apollo Press, 2009

The Botanical Garden, translated by Brian Evenson,
Green Integer, 2012

The Posthumous Life of RW

by Jean Frémon

Translated by Cole Swensen

OMNIDAWN PUBLISHING

RICHMOND, CALIFORNIA

2014

This work was first published in French
by Fata Morgana, Saint Clément de riviére, France
with engravings by Jan Voss.

The cover image reproduces an engraving by Jan Voss, and we
thank him very much for giving us permisson to use it.

Cover design by Peter Burghardt.
Interior design by Ken Keegan.

Typefaces: Adobe Jensen Pro and Futura Std.

Offset printed in the United States
by Edwards Brothers Malloy, Ann Arbor, Michigan
On 55# Enviro Natural 100% Recycled 100% PCW
Acid Free Archival Quality FSC Certified Paper
with Rainbow FSC Certified Colored End Papers

Published by Omnidawn Publishing, Richmond, California
www.omnidawn.com   (510) 237-5472   (800) 792-4957
10 9 8 7 6 5 4 3 2 1
ISBN: 978-1-890650-71-1

La vie posthume de RW

The Posthumous Life of RW

1

Dans la grande chambre, au premier étage de la pension où il a élu domicile, RW, allongé sur son lit, pense qu'il devrait sortir afin de profiter de cette fin d'après-midi ensoleillée qu'il aperçoit par la fenêtre. Sentir sur mes joues et dans mes cheveux la fine brise qui agite les feuilles du tilleul serait des plus agréable, pense-t-il. J'irai d'abord à la fontaine, dont le bruit à lui seul me ravit, puis je pousserai jusqu'au petit-bois par le sentier qui gravit le coteau, de là, peut-être apercevrai-je ma logeuse en train d'étendre son linge. Observer sa logeuse qui étendait son linge était l'une des activités favorites de RW. Nul ne pourrait nier, pense-t-il, que lorsqu'elle a les bras en l'air, sa silhouette est encore plus jolie. Arrivé à l'orée du petit bois, il pourrait s'allonger dans l'herbe pour se reposer un instant. Contempler la course des nuages est une autre de ses activités favorites. Regardez celui-ci qui grossit et noircit à vue d'œil. Ne voilà-t-il pas qu'il crève et laisse choir une onde bienfaisante qui bientôt se transforme en averse. Les beaux draps presque secs vont être trempés, pense-t-il, à moins qu'elle ne se précipite pour les dépendre avant qu'il ne soit trop tard. Elle rentrera le visage ruisselant de pluie, des mèches de cheveux devant les yeux, pourvu qu'elle ne prenne pas froid, pense-t-il. Quant à moi, heureusement que je ne suis pas sorti, il ne faut jamais se précipiter, pense RW en rapetassant son oreiller.

1

In a spacious room on the second floor of the boarding house
he's chosen for home, RW stretches out on his bed and thinks
that he really should get out and take advantage of that sunny
late afternoon he can see out the window. To feel the fine breeze
that's shuddering the leaves of the lime trees on my face and
through my hair, that would be nice, he thinks. First I'll go to the
fountain—I'm always happy just hearing it—then I'll push on,
taking the path up the hill to the little grove, from which I just
might be able to catch a glimpse of my landlady hanging out her
laundry. Watching his landlady hanging out her laundry is one
of RW's favorite pastimes. No one could deny, he thinks, that
her silhouette is even more lovely when she's reaching upward.
And then once at the edge of the grove, he could lie down in
the grass to rest a moment. Contemplating the passing clouds is
another of his favorite activities. Look at that one, fattening and
darkening right there on the spot. But wait, isn't it collapsing
into a fragrant gust that will soon turn into a downpour? Those
gorgeous sheets, almost dry, he thinks, are going to get drenched
unless she races out to get them before it's too late. She'll come
back in, rain running down her face, her bangs streaming across
her eyes; hope she doesn't catch cold. As for me, thank heavens
I didn't go out. It's never wise to rush into things, thinks RW,
fluffing up his pillow.

2

Je ne suis pas un grand homme, pense RW, mais pas un petit homme non plus. J'ai composé trois ou quatre livres que les éditeurs n'ont pas refusés, tout le monde ne peut pas en dire autant. Bien sûr ils ne se sont pas vendus, mais il faut reconnaître que je n'ai pas fait beaucoup d'efforts pour cela. Quelques articles ont signalé leurs qualités tout en indiquant leurs limites, que demander de plus ? Que quelques originaux, ici ou là, les lisent dans l'avenir, cela me plairait bien. Si d'aventure l'un d'entre eux écrivait ses propres petites histoires à partir de là, ne serait-ce pas l'accomplissement final de toutes mes espérances, pensait-il.

2

I'm not really a great man, thinks RW, but not really a negligible one, either. I put three or four books together that a couple of publishers, in the long run, didn't refuse—not everyone can say as much. Of course, they didn't really *sell*, but I have to admit that I didn't really try. They got some reviews that pointed out their merits while pointing equally to their limits—what more can you ask? If a few truly perceptive people, even just one or two here and there, happen to read them sometime, somewhere in the future, I'll be quite content. And if by chance, because of that, one of them just happens to write some small text of his own, wouldn't that, after all, fulfill all my hopes? he thinks.

3

RW se demande s'il doit ou non se faire le reproche d'avoir délibérément si peu contribué à la marche du monde. De s'en être, par orgueil ?, tenu à l'écart.

RW respire, dort, marche sous le ciel, ôte son chapeau quand il entre dans une église, prend soin de n'insulter personne... N'est-ce pas là une contribution plus qu'honorable, se demande-t-il, soucieux de se rassurer.

Et tous ceux qui se flattent d'y contribuer par tel ou tel trémoussement, à la marche du monde, comme ils disent, font-ils autre chose que se flatter, se demande-t-il dans l'espoir secret de clore le débat.

Regardez les roucouler en gonflant leur jabot, ajoute-t-il sournoisement.

3

RW wonders whether or not he should reproach himself for having contributed so little to the workings of the world. For having—perhaps from pride?—maintained a certain distance.

RW breathes, sleeps, walks beneath the sky, takes off his hat when he enters a church, takes care not to offend anyone... doesn't that amount to a more than honorable contribution? he asks himself, anxious for reassurance.

And those who flatter themselves that they, with all their prancing about, have contributed something to, as they say, the workings of the world; are they doing anything more than flattering themselves? he wonders in the secret hope of ending the debate.

Just look at how they preen themselves, he adds, a little coyly.

4

RW a toujours été attentif aux proportions. Il y a des proportions qui ravissent l'œil et l'esprit, disait-il, et d'autres qui les heurtent. Par exemple, RW aime les petites maisons, celles qui ne sont pas imposantes, il se sent invité à y entrer. Mais s'il doit y loger, alors, il aime les grandes chambres avec plusieurs fenêtres. Trouver une grande chambre dans une petite maison, n'est pas chose facile, mais c'est justement cela qui est bien : une proportion rare mais satisfaisante. Ou plus exactement, une proportion satisfaisante…et rare.

La hauteur et la largeur du ciel au-dessus de lui quand il marche dans la campagne, voilà ce qu'il aime et la cause en est la proportion du ciel à sa personne. Il aime se sentir petit.

Il ne peut s'empêcher de comparer mentalement les distances dans l'espace et dans le temps de toutes les choses qu'il croise et de tous les événements qui surviennent. La perception des proportions entre les tailles, les distances et les durées trace un fil invisible qui relie toutes choses et tous événements entre eux, pense-t-il. Et cette pensée le remplit d'aise.

4

RW was always very aware of proportion. There are proportions that delight both eye and mind, he'd say, and others that offend. For example, RW liked small houses, unimposing houses; he felt invited in. But if he had had to live in one, he who loved huge rooms with many windows… To find a huge room in a small house is no mean feat, but that's precisely its merit: a rare but satisfying proportion. Or more precisely, a satisfying proportion …and rare.

The height and width of the sky above him as he walks through the countryside, that's what he likes—and it's all to do with the proportions of the sky in relation to those of his body. He likes to feel small. He can't resist mentally comparing the distances, both spatial and temporal, between all he sees and all that occurs. Recognizing the proportional relationships among sizes, distances, and durations creates an invisible thread that connects all things and all events, he thinks. And this thought fills him with tremendous calm.

5

C'était un jour vraiment extraordinaire dans la vie de RW.
Tout semblait lui sourire. Le ciel était plus haut, l'horizon plus
lointain. Ce que RW pensa alors, nous n'en saurons rien parce
qu'il se refusait avec force à se l'avouer à lui-même.

5

It was a truly extraordinary day in the life of RW. Everything seemed to smile on him. The sky was higher, the horizon farther. Just what RW was thinking, though, we will never know, as he refused, adamantly, to admit it even to himself.

6

Ces trois personnes-là, attablées derrière moi, depuis que je suis entré, elles chuchotent sur mon compte, vous croyez que je ne m'en suis pas aperçu ? Le gros rougeaud qui ressemble à un commis de charcuterie, le petit maigre avec ses bésicles qui doit être aide-comptable et la mégère endimanchée sous son gros chignon. Je n'entends pas ce qu'ils chuchotent mais je sais bien qu'ils médisent de moi. Pourtant j'ai dit bonjour à la ronde de la façon la plus civile en entrant dans cette taverne, qu'ont-ils là-contre ? J'ai plaisanté un instant avec la serveuse. Je la connais bien, elle tolère mes petits écarts, est-ce que cela les regarde ? S'ils ne s'arrêtent pas, je sens que je vais leur dire leur fait, ils l'auront cherché. N'ont-ils pas d'autre sujet de conversation que de mépriser les braves gens ? Si j'étais à leur place, se dit RW, je courrais tout droit me jeter à la rivière.

6

Those three people there—the ones sitting at the table behind
me—ever since I walked in, they've been whispering about me—
you think I haven't noticed? The fat, beefy one who looks like
a butcher's helper, the skinny little one with glasses who clearly
works for an accountant, and the shrew in her Sunday best,
with her huge bun. I don't know what they're saying, but I know
perfectly well that it's about me, and it's bad. But I said hello to
them all as civilly as I could when I came in—what else do they
want? I joked a minute with the waitress. I know her well; she
understands my little idiosyncrasies, what's that got to do with
them? If they don't stop, I'm going to have to give them a piece of
my mind; they deserve it. Don't they have anything better to do
than malign honest people? If I were they, RW says to himself,
I'd run out right now and throw myself in the river.

7

Bon, à présent RW est plutôt seul dans la vie, d'accord. Mais il n'en a pas toujours été ainsi. Il fut un temps, se souvient-il, où des jeunes filles lui tournaient autour. Il était jeune alors certes, et portait élégamment le complet veston et le col cassé. Ce qu'elles aimaient en moi, c'est mon air réservé, se disait-il en songeant à cette époque. Mon air réservé, c'est mon arme secrète, se disait-il, surtout ne jamais m'en départir.

7

So, o.k., at the moment, RW is more or less alone in the world, but it hasn't always been like this. There was a time, he remembers, when the girls would crowd around him. He was young then, sure, and wore a proper suit and tie. What they loved in me was my reserve, he says to himself, thinking back on that time. My reserve, that's my secret weapon, he thinks; above all, don't ever give it up.

8

Que les belles choses sont plus belles si on ne tente pas de les capter. On veut les mettre par écrit pour les fixer, les transmettre ou le plus souvent par rivalité, pour se mesurer à elles, pour ne pas leur laisser le dessus. Quelle erreur. C'est si beau de leur laisser le dessus, de les admirer sans rien dire. Je dis que tous ceux qui ne peuvent s'empêcher de mettre par écrit les belles choses qu'ils voient ou les belles choses qu'ils vivent, sont des jaloux qui en réalité veulent les faire disparaître au profit de leur soi-disant si belle écriture de laquelle ils se font un petit banc ou un petit tabouret sur lequel ils montent pour se faire admirer du monde entier. Je n'en suis pas. Les belles choses ont besoin de moi mais pas pour que je les fasse disparaître en les recouvrant sous des mots imbéciles, elles ont besoin de moi pour que je les contemple et pour que je m'en souvienne. Pour que je les regrette quand elles ne seront plus là. Le souvenir des belles choses, le regret des belles choses valent tous les livres, pense RW.

8

That beautiful things are even more beautiful if you don't try to capture them. You want to write them down in order to freeze them, transmit them, or more often, to measure yourself against them in a kind of competition, to keep them from getting the upper hand. What a mistake. It's so lovely to watch them win, to admire them at a distance, without a word. As far as I'm concerned, people who can't resist writing down the beautiful things they've seen or the beautiful experiences they've had are just jealous and want to wipe these things out and replace them with their own so-called beautiful writing, which they make into a little soapbox to stand on and be admired by the world. I'm not like that. Beautiful things need me, but not to efface them with idiotic words; no, they need me to reflect deeply upon them and remember them. They need me to miss them when they're gone. Remembering beautiful things and missing beautiful things are worth all the books in the world, thinks RW.

9

Ceci est l'histoire d'un poète ou du moins d'un qui se croit tel.
Il passe son temps à broder des petites fables tout en songeant
qu'elles sont l'exact opposé des grands poèmes inspirés auxquels
il aurait aimé voir son nom attaché. Je dis broder parce qu'en
général, il part de petites observations du quotidien ou même
d'histoires toutes faites trouvées dans des livres pour les raconter
à nouveau à sa manière ingénue et roublarde à la fois. Il n'aime
pas beaucoup les histoires qu'il brode, il faut bien le dire, il
trouve qu'elles manquent de vigueur et de nécessité, il aurait
préféré écrire des épopées ou le livret d'un oratorio. Il aurait aimé
écrire quelque chose qui s'envole, qui rugisse, qui crépite au lieu
de cette pauvre prose des jours. Car même comme raconteur de
petites histoires, il n'est pas très convaincant. Elles sont si plates,
si banales et pour tout dire si ennuyeuses ces pauvres petites
histoires, qu'il lui arrive bien souvent d'en être lassé avant même
d'en avoir écrit ou même imaginé le fin mot et il les laisse comme
ça, en plan, béantes, inutiles, bonnes à rien. Ses cahiers en sont
pleins et il ne parvient même pas à les relire pour essayer d'en
tirer quelque chose. RW sont ses initiales, son nom, ce n'est pas
la peine de l'écrire.

9

This is the story of a poet, or at least of someone who thought himself one. He spent his time embroidering little tales, all the while thinking that they were the exact opposite of the great, inspired poems he wanted to have connected to his name. I say embroider because, for the most part, his raw materials were small, mundane observations, or even stories he'd found ready-made in books, which he then retold in his own way, which managed to be both ingenuous and crafty. That said, he didn't actually like the stories he embroidered. He thought they lacked vigor and necessity; he would have preferred to write epics or grand oratories. He'd have liked to write something that flew, that howled, that sizzled instead of the poor prose of his days. For even as a teller of little tales, he wasn't all that convincing. They were so flat, so banal, and frankly, so boring, these little stories, that he was often tired of them before he finished writing them, sometimes before he'd even thought of a good ending, and so he left them like that, unfinished, gaping, useless, good for nothing. His notebooks are full of them, and he never even bothered to reread them to see if he could, after all, make something of them. RW are his initials, but his name—it's not even worth writing out.

10

Plutôt dormir, se disait RW, alors qu'il baillait d'ennui. Au moins aurai-je peut-être la chance d'être emporté par un joli rêve. Oh pas un rêve extravagant… Il aimait les rêves qui ressemblent aux situations réelles, ceux qui vous donnent, quand vous rêvez, la sensation de vivre pleinement et non de rêver, sensation dont il était assez largement dépourvu dans la vie réelle. La vie réelle, d'une manière générale, l'ennuyait et c'est pour cela qu'il avait tendance à bailler et à se réfugier dans le sommeil et le rêve.

Dans ce rêve, même si tout était pareil, tout était plus facile, les mouvements semblaient se faire sans efforts, la fatigue ne se faisait jamais sentir, il ne faisait jamais trop chaud ou trop froid, les oiseaux piaillaient tout comme en vrai et ce bruit était pour lui un gage de réalité. Une irréalité donnant sans cesse des gages de réalité, voilà ce qu'il trouvait particulièrement civil et envers cette irréalité-réalité-là, appelez-la comme vous voudrez, RW était rempli de gratitude.

10

Why not sleep? RW asks himself in the middle of a big, bored yawn. Who knows? I might get lucky and get carried off by a beautiful dream. Nothing extravagant, mind you... He preferred dreams that seemed like real situations, those that, in the middle of dreaming, give you the sensation, not of dreaming, but of living fully, a sensation that was largely denied him in real life. Real life, generally speaking, bored him, and that's why he tended to yawn a lot and seek refuge in sleep and dream.

Everything was easier in dreams, even if it was all the same. All motion seemed to occur without effort; he never seemed to feel tired, he was never too hot or too cold. The birds' chirping sounded true, and this sound alone guaranteed reality. An unreality constantly offering guarantees of reality, that's what he found particularly civilized, and for this unreal-reality—call it whatever you like—RW overflowed with gratitude.

11

C'est fatigant de raconter des histoires, pense RW. Parfois lui vient aussi l'envie, pour changer, de raconter une absence d'histoire. De raconter par exemple la course des nuages, un reflet dans l'eau de la fontaine, un coin de ciel couleur ardoise et l'arc qui va se former là en décomposant la lumière. Le chant du coucou, on ne le voit jamais, il se cache et pourtant il se signale, il signale son absence. C'est comme les récits sans histoires. Il ne se passe rien et pourtant quelque chose advient qui est comme le chant du coucou, boisé, un peu éraillé, le signal de quelque chose qu'on ne voit pas. Dans la *Symphonie pastorale*, la partie est tenue par un hautbois, il intervient seul, comme pour donner une inflexion au silence, puis les cordes s'affairent à mimer le vent dans le feuillage des grands arbres. Il pense qu'il est un très petit personnage sous un grand ciel contrasté. Un arc-en-ciel le traverse, la chance et la fortune gisent à son pied introuvable. Tapies en silence, attendant qu'on les débusque. Laissons-les, pense RW. La fortune n'est qu'une illusion d'optique. Et il s'endort doucement en songeant à une illusion d'optique. C'est ce qui arrive parfois quand on renonce aux histoires.

11

Telling stories is tiring, thinks RW. And sometimes he finds himself wanting, just for a change, to tell the absence of a story. To tell instead, for example, the path traced by a cloud, the reflection in the waters of a fountain, the slate-colored corner of the sky and the rainbow that's going to start there in a breakdown of light. The song of a cuckoo—it's never seen, it's always hidden, and yet it's a sign, a sign of its own absence. It's like a tale without a story. Nothing happens, and yet something occurs that's like the cuckoo's song, densely wooded, a little rough, the proof of something that cannot be seen. In the *Pastoral Symphony*, the whole is carried by an oboe. It comes in solo, as if to give silence an inflection; then the strings begin to bustle about, miming the sound of the wind through the leaves of huge trees. Feeling small beneath the great, variegated sky. A rainbow spans it, luck and wealth lying at its unfindable feet. Hiding in silence, waiting to be flushed out. Leave them be, thinks RW. Wealth is just an optical illusion. And he falls gently asleep thinking of an optical illusion. Which happens sometimes when you give up stories.

12

Quelle belle journée. Je mets mon chapeau, j'ajuste ma cravate
et je descends au jardin avec un livre. Ce n'est pas parce qu'on
n'a plus d'emploi de bureau qu'il faut négliger sa mise. Le jardin
n'est pas grand mais il y a justement un banc. De là, on peut
lire agréablement en regardant passer les dames qui se rendent
les unes chez les autres pour bavarder de tout et de rien. Les
hommes ne passent pas par là, seulement les femmes. Les
hommes sont dans leurs bureaux, dans leurs ateliers, ils n'ont
pas le temps d'aller les uns chez les autres pour bavarder, ils sont
employés. Sauf moi. Je l'ai été mais je ne le suis plus. Pas une
raison pour quitter la cravate, j'ai encore un rang à tenir. Je suis
mon propre employé. Préposé à la lecture et à l'observation des
femmes qui passent devant le jardin. Il arrive que je daigne lever
les yeux de mon livre et les salue.

Je lis Leibniz. Une belle langue. La langue de Hanovre, même en
latin. Ce n'est pas la langue d'ici. Il écrit l'allemand comme à Paris
on parle le français. Cristallin. Il n'a pas les pieds dans la boue
ni de la bouillie dans la bouche comme moi et tous les porcs
d'ici qu'ils soient employés de bureau ou pas, et les belles dames
qui se rendent les unes chez les autres, on dirait toujours que
leur dentier se déchausse. Désormais, je m'efforcerai de parler
comme à Hanovre. Ce que vous dites est tellement plus crédible.
Quand Leibniz, Gottfried Wilhelm Leibniz, conseiller politique,
analyste des affaires internationales, théologien et ingénieur,
inventeur d'une machine à calculer et de systèmes originaux
de moulins pour actionner les pompes des mines du Harz,
quand Maître Leibniz parle de Dieu, qui oserait ne pas y croire,
tellement c'est limpide. Maître Leibniz, je vous lève mon chapeau.

12

What a lovely day. I put on my hat, I straighten my tie, and I go down into the garden with a book. Just because you're no long working in an office is no reason to neglect your dress. The garden isn't large, but it has a proper bench. On it, you can comfortably read while keeping an eye on the women going from house to house on their daily round of gossip. Men never walk by; only women. The men are all off in their offices, in their workshops; they don't have time to visit each other and gossip; they're at work. Except me. I used to be, but I'm not anymore. Which is no reason to abandon my tie; I do still have a position to uphold. I am my own employee, the minister of reading and watching women pass by. Sometimes I deign to look up from my book and say hello.

I'm reading Leibniz. Beautiful language. Even in translation. A Hanoverian language, not the provincial version. Leibniz's German is like a Parisian's French. Crystalline. He doesn't have his feet in the mud, no mush in his mouth, like I do, like all the little pigs around here do, be they office workers or not. And the lovely ladies going from house to house, it always looks like their dentures are falling out. From now on, I'm going to do my best to speak like a Hanoverian. Whatever you say is so much more believable. When Leibniz, Gottfried Wilhelm Leibniz, political advisor, international affairs analyst, theologian, and engineer, inventor of the calculator and of novel milling systems and machines to work the pumps at the Harz mines, when Master Leibniz speaks of God, who would dare not to believe—it's so completely clear. Master Leibniz, I take my hat off to you.

13

Voici la treizième histoire. Il faut toujours que je compte, c'est plus fort que moi. Treize est un bon chiffre, je vais peut-être m'en tenir là. M'en tenir là est toujours mon premier mouvement, ne point trop en faire, ne pas se montrer trop empressé envers la vie, cela ne sert à rien et ne peut que nuire. De toute façon, ces petites histoires sont vraiment sans intérêt. Il faut être bien indulgent envers soi-même pour continuer à se les permettre. Et d'ailleurs à quel titre puis-je compter au nombre des histoires, celle-ci qui n'en est vraiment pas une ? se demande RW.

13

And here is the thirteenth story. I count incessantly; I can't help it. Thirteen's a great number; perhaps I'll just stop here. Stopping here is always my first inclination, to not do too much, to not put too much pressure on life—that accomplishes nothing and can do a great deal of harm. In any case, these little stories really are pointless. One would have to be incredibly self-indulgent to keep on writing them. And besides, how could I possibly count something as meager as this as one of my stories anyway? thinks RW.

14

RW lit *La Guerre et la paix*. Un gros volume relié de cuir
emprunté à la bibliothèque du salon de sa logeuse. Chaque jour,
en fin d'après-midi, il s'installe dans l'un des fauteuils du salon,
près de la fenêtre, et absorbe une cinquantaine de pages. RW,
le plus pacifique des hommes, vibre à l'évocation des champs de
bataille, s'enflamme intérieurement pour la charge des hussards,
admire le clinquant verbal de leurs uniformes, la vigueur
frémissante de leurs chevaux, il partage le sentiment de fraternité
du bivouac, il s'enivre de l'odeur rêvée de la poudre et du bruit
imaginaire des canonnades.

Qu'il nourrisse une certaine fascination pour la figure du petit
homme bedonnant avec un accroche-cœur sur le front qui se
croyait l'organisateur de ces mystères, cela n'est pas douteux.
Qu'il lui arrive de s'attendrir un instant au récit des affaires de
cœur de la jeune Natacha, pas douteux non plus. Mais ce qui par
dessus tout l'emporte et le ramène chaque jour à la même place
pour poursuivre sa lecture, c'est la peinture du destin en marche,
le sentiment de l'inéluctable. La haute mer.

14

RW reads *War and Peace*. A fat tome bound in leather and borrowed from the bookshelves of his landlady's living room. Every day, toward the end of the afternoon, he takes over one of the armchairs in this living room, the one next to the window, and devours another fifty pages or so. RW, the most pacific of men, thrills at the descriptions of battle, blazes deep down at the charge of the hussars, admires the flashy clinking of their uniforms, the quivering vigor of their horses—he shares the camaraderie of the bivouac, getting drunk on the imagined smell of gunpowder and the sound of the cannonades.

That he harbors a certain fascination for the figure of the potbellied little man with the curl on his forehead who fancies himself to be behind all these mysteries, there's no doubt. That he gives in to a moment of tender feeling while reading of the young Natacha's affairs of the heart, no doubt there either. But above all, what carries him away and brings him back each day to the same place to continue reading is the evocation of fate in action, the sense of the inevitable. The high seas.

15

Mais il n'y avait pas que de jolis rêves, il y avait aussi de ces rêves qui débutent joliment comme pour vous amadouer, vous incitant à s'enfoncer en eux sans réticence et qui subrepticement installent une sourde inquiétude à la place de la béatitude initiale. Comme une menace latente, un mécanisme qui se détraque irrémédiablement, une corde qui va casser, une embarcation qui dérive. Le genre de rêve dont on essaie de sortir avant qu'il ne tourne au cauchemar mais vos membres ne répondent pas aux injonctions de votre cerveau, vos bras et vos jambes sont trop lourds pour se mouvoir. C'est normal, puisque je rêve c'est que je dors, et si je dors, c'est en rêve que je donne des ordres à mes membres, comment voulez-vous qu'ils les suivent, se disait-il pour se rassurer. Mais cependant c'est à mon corps réel et non à mon corps de rêve que je donne ces ordres. Si j'ai conscience d'un corps qui n'est pas dans le rêve, c'est que je ne rêve pas complètement, d'ailleurs je sens précisément l'effort que je fais pour m'extirper de cette glu qui me colle au lit, pensait-il.

De ce genre de rêve, il était rare de sortir en douceur, en général la menace ambiante se faisait plus précise et déclenchait un mouvement de panique qui le jetait en bas de son lit. Ou au contraire, l'attaque étant la plus sûre des défenses, il décochait un violent coup de pied qui envoyait l'édredon à l'autre bout de la pièce, ce qui ne pouvait manquer de nuire à l'aménité des relations qu'il entretenait jusque là avec sa compagne de lit s'il arrivait qu'il y en eût une.

15

But there aren't only beautiful dreams, there are also those dreams that begin beautifully, as if to lure you in and make you want to bury yourself inside them without reservation, dreams that then surreptitiously replace their initial beauty with an underhanded uneasiness. Like a latent threat, a machine about to break down once and for all, a string just about to snap, a ship going adrift. The sort of dream that you try to leave before it turns into an outright nightmare, but your limbs won't respond to your brain's demands, and your arms and legs become too heavy to move. Which is normal because if I'm dreaming I must be asleep, and if I'm asleep, it's in a dream that I'm ordering my limbs around—how on earth can I expect them to obey me? he asks in order to reassure himself. And yet it's to my real body and not to my dreamed body that I'm giving these orders. If I'm conscious of a body that is not the one of dreams, then it must mean that I'm not completely dreaming; besides, I'm perfectly aware of the effort I'm making to drag myself out of the morass that's plastering me to the bed, he thinks.

He almost never comes out of this sort of dream peacefully; rather, the ambient threat becomes more and more precise, unleashing a panicked retreat that leaves him cowering at the bottom of the bed. Or, on the contrary, attack being the surest mode of defense, he executes a violent kick that sends the duvet to the other end of the room, which can't help but do damage to the friendly relations he'd maintained up until then with his bed-mate, should he happen to have one.

16

Ils ne sont pas peu fiers, les uns et les autres, de leurs petites productions, drames, romans, comédies, tranches de vie, autoportraits, lumière flatteuse. Des messieurs arrivés, bien sous tous rapports, auront leur nom dans le dictionnaire… J'en connais un qui se cache et dénigre son propre travail. Avec la pointe d'un petit crayon, il écrit au dos d'enveloppes récupérées des petites histoires si modestes qu'elles sont insignifiantes et afin d'être bien sûr que personne ne va s'en emparer pour les lire et en rire comme elles le méritent, il écrit si petit que bien malin qui pourra jamais le déchiffrer.

Puis il met son chapeau sur sa tête et part se promener dans la neige.

16

They're really quite proud of themselves, all of them, with their little productions, dramas, novels, comedies, slices-of-life, self-portraits, flattering lights. Those men who've "arrived" in every sense of the word; they'll have their names in the reference books … I knew one who hid away and denigrated his own work. With the butt end of a pencil, on the back of salvaged envelopes, he wrote little stories so modest that they amounted to nothing, and just to be sure that no one could run across them later, read them, and give them the ridicule they deserved, he wrote so small that simply deciphering them would be a major feat.

And then he put his hat on his head and went out for a walk in the snow.

17

J'étais un peintre chinois, j'allais chaussé de sandales de bois
sur le sentier de montagne menant à l'ermitage. Mon attirail
de peintre à l'épaule, je voyageais léger. Mentalement, je notais
le rebond vif de l'eau de la source sur les galets. Il faudra s'en
souvenir au moment opportun, pensai-je. Et l'ombre bleutée des
pins en petites flaques de toutes formes sur le chemin... Mais les
ombres gâtent la clarté de l'image, il faudra les redessiner en les
simplifiant. J'ai grimpé d'un bon pas, voici déjà, auréolé de brume,
le kiosque où je passerai la nuit, peut-être deux. Si je trouve un
ami, peut-être allons-nous nous verser à boire et quand le vin
nous sera monté à la tête, nous chanterons. Toutes choses, boire
et chanter, qu'on ne saurait faire seul. Puis nous assoupirons et
tout rentrera dans l'ordre.

17

I was a Chinese painter; I walked in wooden sandals along the mountain path leading to the hermitage. I traveled light, my easel and my paints over my shoulder. I made a mental note of the lively play of spring water on the pebbles. I'll have to remember that at just the right moment, I thought. And the blue shadow of the pines in the various puddles along the way...but the shadows break up the clarity of the image; I'll have to draw them more simply. I climbed with a vigorous step, and there, already haloed in mist, was the pavilion where I would spend a night, maybe two. If I find a friend, perhaps we'll pour out a glass, and when the wine has gone to our heads, perhaps we'll sing. All those things—drinking and singing—that can't be done alone. Then we'll doze off, and order will return.

18

Ne pas s'en tenir à treize malgré l'attrait du chiffre, n'est-ce pas peu ou prou contribuer à la marche du monde, se demandait RW que la question tarabustait encore.

18

Not to hold it at thirteen, despite the attraction of the number—
isn't that, more or less, to contribute to the workings of the
world, wonders RW, who is badgered again by the question.

19

J'abrite chez moi deux messieurs bien différents. Ils se connaissent, ils se saluent, ils se tolèrent, mais ils ne fraternisent pas. L'un est un brave homme un peu facétieux. Rêveur, paresseux, volontiers farceur. Il s'habille un peu comme un paysan, toujours le même pantalon de toile un peu trop court d'ailleurs. Un vieux galurin sur la tête. Il salue chacun modestement.

L'autre est un Monsieur. Il porte costume et gilet, un col blanc et une cravate. Il a des gants, un parapluie noir et un chapeau à la mode de Paris. Il ne vient que le dimanche, quand l'autre s'éclipse. Il sort pour déjeuner à l'auberge, il y a sa place attitrée, on le salue par son nom. Après déjeuner, il fait une promenade en évitant les flaques d'eau et les sentiers boueux pour ne pas gâter ses souliers vernis.

Le premier Monsieur, c'est un bien grand mot pour ce bon à rien, on ne sait pas où il disparaît le dimanche, mais dès le lundi le voilà revenu, tandis que le Monsieur du dimanche, ce gandin qui ne me dit rien qui vaille, lui, a pris congé sans rien dire jusqu'à la semaine suivante. Voilà des années qu'ils cohabitent en se cédant la place mutuellement. Ils ne s'agressent pas, ils s'évitent, ils s'ignorent. Pourtant, ils ont plus de choses en commun qu'ils ne croient, pense RW.

19

I harbor two very different men. They know each other, they greet each other, they tolerate each other, but they don't fraternize. One's a nice guy, if a bit facetious. A dreamer, lazy, always joking around. He dresses like a peasant, always the same baggy pants, a little too short. An old hat on his head. He greets everyone modestly.

The other is a Sir. He wears a three-piece suit, a white shirt, and a tie. And he has gloves, a black umbrella, and a hat of the latest Paris style. He only comes on Sundays, when the other one isn't here. He goes out for lunch at the inn, where he sits at his special table, and they greet him by name. After lunch, he takes a walk, avoiding puddles and mud so as not to ruin his polished shoes.

As for the first gentleman, which is way too big a word for that layabout, no one knows where he goes on Sundays, but as soon as Monday comes, there he is again, while Sir Sunday, that dandy who never says anything worthwhile, has gone away without a word until the following week. They've been living together for years, each one ceding his place to the other. They're not hostile; they just avoid each other, ignore each other. And yet they have more in common than they think, thinks RW.

20

Une petite valse, au piano, vive et lente à la fois, narquoise et mélancolique, puis s'élançant dans les reprises, ralentissant en s'adressant à vous directement comme pour dire : Ralentissez avec moi, reprenez avec moi, tournons ensemble, valse et danseurs. Je ne joue pas le piano ni ne danse la valse, pense RW, mais j'aime de mon banc regarder les jeunes gens qui s'embrassent à la fin de la ritournelle. Je voudrais écrire un petit conte qui soit comme cette valse avec élans et ralentissements. La répétition d'une même phrase, comme un refrain, donnerait le rythme en ménageant la surprise finale qu'on découvrirait avec un éblouissement comparable à celui des jeunes gens qui s'embrassent.

20

A little waltz on the piano, slow and yet, at the same time, lively, mocking and melancholy, then launching into repetitions, then slowing down even more and addressing you directly as if to say: Slow down with me, repeat with me, let's take a turn together, waltz and dancers. I neither play the piano nor dance the waltz, thinks RW, but I like to sit on my bench and watch the young people kiss at the end of the ritornello. I'd like to write a little story like this waltz, speeding up and then slowing down. The repetition of a single phrase, like a refrain, would establish a rhythm while setting up a final surprise that would burst out and dazzle like the young people kissing.

21

Ce que j'aime dans les villages d'ici, c'est leur relief. Ce n'est pas vraiment la montagne, et pourtant rien n'est plat. Entre la Place de la Mairie et le Temple, par exemple, il y a une côte raide et sinueuse de sorte que si l'on s'accoude au mur qui entoure le jardin du Temple, on surplombe la Mairie et on peut ainsi dénombrer aisément les allées et venues des citoyens. Les villages, par chez nous, sont comme des paysages chinois, ils ont des hauts et des bas. De là où je me trouve, on peut apercevoir entre les feuilles des platanes, les bambins qui jouent dans la cour de l'école. La fontaine, avec ses quatre lions couchés qui crachent un maigre jet d'eau, est en contre-bas sur la grande place où se trouvent la boucherie et le café. Plus loin, derrière le Bureau de Poste, une route bordée de sapins descend en pente douce jusqu'à la Salle des Fêtes qui jouxte le stade. De là, on n'a pas beaucoup à marcher pour trouver le chemin de halage et longer la rivière jusqu'au barrage de l'écluse.

Tout en haut du village, à la lisière de la forêt, le cimetière. J'aime à m'y promener, à lire les inscriptions tombales, les regrets éternels, la forme naïve et un rien ridicule que leur donne le tailleur de pierre.

21

What I love about the villages around here is their setting. It's not exactly mountainous, but nowhere is it flat. For instance, here, there's a steep slope down from the church to the square in front of the town hall, so that if you lean over the wall of the church garden, you can see the town hall and watch the people coming and going. The villages around here are like Chinese landscapes; they have high peaks and deep valleys. From where I'm standing, you can catch glimpses between the leaves of the plane trees of the children playing in the schoolyard. Down there in the big square with the butcher and the café is the fountain, with its four crouching lions spitting out thin streams of water. Farther on, behind the post-office, a road lined by pine trees heads down a gentle slope to the village hall next to the soccer field. From there, a short walk takes you to the towpath, where you can walk along the river all the way up to the lock.

At the very top of the village, at the edge of the forest, there's a cemetery. I love to walk up there and read the inscriptions on the tombstones, with their eternal regrets—how naïve and slightly ridiculous they become when carved in stone.

22

Il y a un oiseau à ma fenêtre. Chaque fois que je m'assieds à ma table et que j'ouvre mon cahier pour écrire, il est là, sur le rebord de la fenêtre, il me regarde de côté en bougeant la tête. De temps en temps, il donne un petit coup de bec contre la vitre comme pour attirer mon attention. Parfois, il s'envole jusqu'au noyer, je ne le perds pas de vue, je le vois perché à une petite branche qui se balance sous son poids, mais vite, il revient reprendre sa place, sentinelle disciplinée.

Il fait de petites trilles en agitant son bec trois ou quatre fois et en gonflant la tache noire de son jabot. Quand le soir tombe, il disparaît. Le lendemain, je le retrouve. Je suis triste à l'idée qu'un jour il ne sera plus là, la vie d'un passereau ne doit pas être bien longue, mais bien vite je me rassure en pensant qu'il est fort probable qu'un jour ce soit moi qui ne soit plus là. Il y aura bien un autre pauvre bougre à ma fenêtre pour s'attendrir sur un moineau en quête de compagnie, celui-ci ou un autre, en tous points identique.

22

There's a bird at my window. Every time I sit down at the table and open my notebook to write, he's there, on the sill, looking at me sideways, moving his head a little. From time to time, he pecks at the window as if to attract my attention. Sometimes he flies over to the walnut tree. I keep an eye on him and notice that he perches on a small branch that sways under his weight, but he soon returns to resume his position, a disciplined sentinel.

He makes little trills by moving his beak three or four times and puffing out the black spot of his crop. When evening comes, he disappears. The next day, I find him there again. It's sad to think that one day he'll no longer be here; the life of a sparrow can't be all that long. But then I quickly reassure myself that it's more likely I who will, one day, no longer be here. There'll be another poor devil at my window waiting for a sparrow looking for company, this one or another one, identical in every way.

23

J'aime aussi les grandes villes. Surtout celles dans lesquelles on retrouve, cachées, les traces des villages d'autrefois, des hameaux disséminés que le tissu urbain a réunis. Au bout de la Spiegelgasse en direction de Niederdorf, est une jolie fontaine de pierre. Elle est entourée d'une barrière ouvragée en fer forgé scellée dans un muret. Comme la rue est fort en pente, le sol a été remblayé et cimenté en sorte que la fontaine soit de niveau. Lorsqu'on franchit la grille basse, on a un peu l'impression de se trouver sur une scène d'où l'on pourrait haranguer la foule, s'il y avait ne serait-ce qu'une petite foule, ou mieux, d'une chaire d'où sermonner ses ouailles. Les autels dans les églises sont souvent séparés de la nef où s'alignent les bancs par une petite esplanade et une grille de cette sorte. Je ne vais guère à l'église mais quand je m'approche de cette fontaine, il me semble m'approcher d'un autel. Boire l'eau de cette fontaine entre ses mains au terme d'une promenade, c'est comme recevoir un sacrement. Le bassin de la fontaine est ovale, on dirait une grande baignoire. En son centre s'élève une colonne de pierre ouvragée. De quatre têtes de lions sympathiques sortent de longs becs de bronze par où l'eau s'écoule en jets harmonieux qui retombent avec un petit bruit aigrelet entre deux arcs de bronze horizontaux qui permettent de poser son seau sous le jet pour le remplir. La colonne se termine par un chapiteau orné de crosses de fougères surmonté d'une belle naïade dévêtue qui d'une main écarte ses cheveux de ses épaules. Beauté inaccessible, pense RW.

23

I also like large cities. Above all, those in which you can find
the subtle traces of earlier villages, scattered hamlets that the
urban weave has joined together. At the Niederdorf end of
the Spiegelgasse is a lovely stone fountain surrounded by a
wrought-iron fence on top of a low wall. Because the street is
very steep, the ground has been filled in and concreted over to
make the fountain level. Once through the low gate, you have the
impression of being on a stage from which you could harangue
the crowd, if there were a crowd, a very small crowd, or better,
at a pulpit from which to preach to the birds. Church altars are
often separated from the nave and benches by a communion rail
and a gate like this. I rarely go to church, but when I approach
this fountain, I feel like I'm walking up to an altar. To cup its
water in my hands and drink from them at the end of a walk is
like receiving communion. The fountain has an oval basin, like
a great bathtub, with a column of carved stone rising from its
center. At the corners are four lion heads, all looking kind and
gentle, from which four long bronze beaks appear spewing out
water in harmonious jets that fall back down with a slightly shrill
sound between two horizontal bronze arcs on which to rest your
bucket as you fill it. The column ends in a capital decorated with
crossed ferns topped by a beautiful, naked naiad brushing her
hair off her shoulder. Inaccessible beauty, thinks RW.

24

J'ai lu dans un traité savant que les peintres Ming changeaient de nom au gré de leur humeur. Ayant renoncé au nom royal de sa famille déchue, Chu Ta se fit appeler *Montagne individuelle* ou *Robe de neige*, puis, pris de passion pour l'autodénigrement, *Ane bâté*. On dit que ses plus beaux dessins, éxécutés à la fin de sa vie, sont signés du nom de *Montagnard aux huit orients*.

Et Shitao, son cadet, signait *Moitié d'homme*, *Rongé jusqu'aux os* ou *Citrouille amère*.

J'aurais aimé m'appeler *Robe de neige*.

Moitié d'homme m'aurait convenu, *Ane bâté* non moins.

24

In a scholarly work on the subject, I read that the Ming painters changed their names whenever they liked. After renouncing the royal name of his deposed family, Chu Ta called himself *Private Mountain* or *Cloth of Snow*, and later, caught up in a fit of self-debasement, *Stupid Ass*. They say that his most beautiful drawings, done at the end of his life, are signed *Mountain Man of the Eight Easts*. And that Shitao, his younger colleague, signed himself *Half a Man*, *Eaten to the Bone*, or *Bitter Pumpkin*.

I wish I'd been called *Cloth of Snow*.

Half a Man would have done, too—or *Stupid Ass*.

25

Des petites histoires comme celles-ci, qui ne tirent pas à conséquence, on croirait pouvoir en écrire une chaque jour, un peu comme on respire, se disait RW. Celle-ci est un papillon qui butine de fleur en fleur et volète à sa manière maladroite, il ne peut pas aller bien haut, mais ce n'est pas nécessaire, parfois, dans un accès d'immodestie, il dépasse la cime des arbres, mais pas pour longtemps. Celle-là est comme un galet, ronde, lisse, fermée sur elle-même, elle ne dit rien mais elle fait signe. Une pierre blanche. Telle autre est comme un chat farouche que je connais, il vous observe en coin mais s'enfuit dès qu'on le regarde droit dans les yeux.

Je suis un peu comme le papillon, un peu comme la pierre, un peu comme le chat, pensait RW.

25

Little stories like these, utterly inconsequential—you'd think you could write one a day, easy as breathing, RW tells himself. This one is a butterfly, gathering pollen from flower to flower, fluttering in its clumsy way. It can't go very high, but it doesn't need to. Sometimes, in an excess of immodesty, it flies beyond the tops of the trees, but not for very long. And that one's like a pebble, round, smooth, closed in upon itself; it says nothing, but it makes itself known. A white stone. And that other is like a feral cat I know—it watches you from a corner, but takes off if you look it in the eye.

I'm a bit like that butterfly, a bit like that stone, and a bit like that cat, thinks RW.

26

Parmi ceux qui sont rangés dans la bibliothèque du salon, peu nombreux mais objets de vénération, le livre que RW préfère est le grand Atlas relié de cuir rouge. Il le pose sur ses genoux et le feuillette pendant des heures, sa façon à lui de voyager.

Ce qu'il aime surtout dans l'atlas, ce sont les lacs. Il aime les lacs dans la réalité aussi, les petits lacs de montagne. Il y en a beaucoup par ici. RW aime en faire le tour, s'asseoir sur leur bord et même, en été, se glisser dans leur eau fraîche. Il aime la façon dont ils reflètent le ciel. Agrandir le monde en le dédoublant.

Mais dans les atlas, il y a beaucoup plus de lacs que dans les environs d'ici, et dans les atlas, on voit leur forme, ces jolies taches bleu clair aux contours étranges. Et puis on trouve leur nom. RW aime le nom des lacs, presque tous ; il en dresse des listes : Bodensee, Walensee, Zugersee, Thunersee, Brienzersee, Urnersee, Stillsee, Greifensee, Pfaffikersee. La plupart s'étirent en longueur, en faire le tour est tout un voyage. Plus simple de les traverser. Certains sont tout petits et plutôt ronds. Les traverser ne mènerait nulle part de toute façon.

Parfois, le soir, avant de s'endormir, RW se récite à voix basse la liste de ses lacs préférés.

26

Of the books in his living room bookcase—few in number, but each an object of veneration—the one that RW likes best is the big atlas bound in red leather. He opens it on his lap and flips through the pages for hours, his private mode of travel.

And what he loves above all in the atlas are the lakes. He likes real lakes, too, little mountain lakes. There are lots of them around there. RW loves to visit them all, to sit on their banks, and even, in summer, to slip into their cool waters. He loves the way they reflect the sky and thus enlarge the world.

But in atlases, there are many more lakes than there are around there, and in atlases, you can see their shapes, those lovely light blue splashes with strange contours. And what's more, you can see their names. RW loves the names of lakes, almost without exception. He writes up lists: Bodensee, Walensee, Zugersee, Thunersee, Brienzersee, Urnersee, Stillsee, Greifensee, Pfaffikersee. Most of them stretch out lengthwise. Walking around them would be a real journey. Easier simply to cut across. Some are very small and almost round. Crossing them would lead nowhere.

Sometimes in the evenings, as he's going to sleep, RW, in a low voice, recites the list of his favorite lakes.

27

Mais la vertu principale des atlas, dictionnaires ou encyclopédies n'est pas, loin de là dans les cartes ou les définitions qu'ils contiennent, si précieuses soient-elles. Elle est de peser tout leur poids. C'est à ce titre qu'ils sont enrôlés dans l'étrange opération qui consiste à écraser avec soin pendant de longues semaines les fleurs et les herbes que RW ramène de ses promenades et fait sécher entre deux feuilles de papier journal surmontées de la pile des pesants ouvrages.

Ce n'est pas que RW aime particulièrement les fleurs séchées, piètres cadavres raidis préservés du pourrissement, ce n'est pas qu'il soit touché par leurs couleurs passées et leurs poses figées, leur parfum poussiéreux. Il aime beaucoup mieux les voir se balancer au vent, accrocher la lumière dans leurs couleurs, respirer leur effluve volatile. Il aime mieux les natures vivantes que les natures mortes. Seulement voilà, faire sécher des fleurs sous une pile de gros livres, les ranger dans un album en les fixant délicatement, écrire soigneusement le nom de chaque espèce à l'encre bleue, est une activité qui lui procure le calme, un grand calme. Et de ce calme, il a besoin, pense RW, grand besoin.

27

But the principal virtue of atlases, dictionaries, and encyclopedias is not in the maps and definitions that they contain, marvelous as these may be. Rather, it's in their considerable weight. It's this trait that allows them to participate in the strange operation that consists of carefully crushing the flowers and grasses that RW brings back from his walks, drying them for weeks on end between two sheets of newsprint beneath a pile of weighty tomes.

It's not that RW particularly likes dried flowers, stiff little cadavers rescued from rot; it's not that he'll be touched by their faded colors and frozen poses, their dusty scent. He far prefers seeing them swaying in the breeze, catching the light in their colors, emanating a vital perfume. He prefers moving lives to still lifes. It's just that, well, drying flowers under a pile of huge books, arranging them in an album, gently gluing them down, and meticulously recording the name of each one in blue ink beneath is a calming activity, very calming. And this calm is just what I need, thinks RW, very much.

28

RW est en arrêt dans la campagne. On dirait qu'il regarde ses
chaussures. Un long moment.

Bien qu'il lui arrive parfois de regarder ses chaussures un long
moment, aujourd'hui, ce qu'il regarde à ses pieds, c'est une
fourmillière. Un petit tumulus de terre très fine, comme tamisée,
sans herbe, avec un trou au milieu d'où sortent et où entrent
d'interminables colonnes de petites fourmis noires. Ce qui
étonne RW c'est qu'elles semblent toutes si bien savoir où elles
vont et pourquoi. Il n'y a pas d'hésitation en elles, pense-t-il,
comme c'est étrange.

RW aime la plupart des animaux, il se sent proche d'eux. Ce
qu'il aime surtout chez les animaux c'est leur air distrait, leur
inoccupation fondamentale, leur façon de laisser le temps
passer. Il y a toutefois quelques espèces, les fourmis, quelques
rongeurs, quelques petits oiseaux qui sont le siège d'une agitation
frénétique permanente. Je ne les comprends pas, pense RW, et
il reste là un long moment, à regarder sans les comprendre les
fourmis affairées entrer et sortir de leur trou.

28

RW has stopped in the countryside. You'd say he was looking at his shoes. For a long time. And though there are occasions when he does, in fact, stare at his shoes for a long time, what he's watching at his feet today is an anthill. A little mound of very fine earth, as if sifted, no grass in it, with a hole in the middle through which endless columns of small black ants are coming and going. What astonishes RW is that they all seem to know exactly where they're going and why. They have absolutely no hesitation, he thinks, how strange.

RW likes most animals; he feels close to them. What he loves most about animals is their absent-mindedness, their radical lack of occupation, their ability to let time pass. There are, however, certain species—ants, some rodents, some small birds—that are constantly, frenetically, in motion. I don't understand them, thinks RW, and he stays there for a long time, watching without understanding the busy ants going in and out of their hole.

29

A première vue, RW est un homme comme il faut. Poli, discret, bien tenu. Il porte costume et gilet, le col de sa chemise est peut-être un peu élimé mais il est propre et fermé par une cravate bien nouée. Jamais il ne sort sans un petit chapeau rond à ruban et un parapluie au bras. Il a un air affable et toujours un peu étonné. Pourtant, il lui arrive plus souvent qu'à l'ordinaire de se montrer grossier, brutal, mal embouché. En général c'est en pensée seulement, parfois en rêve, ces rêves qui tournent mal, vous savez … Il n'est pas rare qu'un rêve qui avait bien commencé tourne mal et qu'une fameuse bagarre s'ensuive. C'est l'ennui avec les rêves, on ne peut pas prévoir, pense RW.

29

At first glance, RW seems to be a perfectly proper man. Polite, discrete, neat. He wears a three-piece suit; though the collar of his shirt might be a bit threadbare, it is clean and closed by a well-tied tie. And he never ventures out without a small bowler hat and an umbrella over his arm. He always has an affable air and seems just a touch amazed. And yet, more often than most, he reveals himself to be rude, brutal, coarse. Usually it's only in thought, sometimes in dreams—you know, those dreams that go bad... And it's not unusual that a dream that started out well does go bad, and a real brawl breaks out. That's the trouble with dreams, thinks RW; you can't predict them.

30

Je n'ai que faire de ce qu'on pense de moi, même si je me doute qu'on n'en pense guère de bien. Un vagabond, un fainéant, un moins que rien, j'entends tout ça. Mais quoi qu'ils disent, nul ne peut me faire de tort.

Je suppose qu'en ce qui me concerne j'ai pourtant fait du tort autour de moi, m'étant, peu ou prou, laissé entraîner à agir ici et là. Certes mes actions me paraissaient bien innocentes, mais toute action est nuisible. Le diable inspire l'action. Voila pourquoi ce monde est globalement mauvais. Cependant il est beau, quand on se borne à le regarder.

Mais pour moi, c'est décidé, je ne lèverai plus le petit doigt. Il m'est arrivé de croire que l'observation des choses et des êtres était la plus sage des activités. Mais maintenant j'en ai également fini avec l'observation, les choses et les êtres.

30

What others think of me is no concern of mine, even if I suspect that they think little good. Shiftless, a slacker, a no-account, I get all that. But whatever they might think, it can't hurt me.

And I guess I must admit that I've done my share of harm, being that I've been more or less forced to act from time to time. Of course, my actions always seemed innocent to me, but every act does damage. Action is inspired by the devil. Which is why this world is universally bad. And yet it's beautiful, if one can be content with just looking at it.

So me, I've decided to never lift another finger. For a while I thought that observing things and beings was the best thing to do. But now I've also had enough of observations, and of things, and of beings.

Photo credit: © Jean-Marc de Samie

Jean Frémon is the author of over twenty volumes of poetry, fiction, essay, art criticism, and a hybrid form of "art fiction"— imaginative pieces based on the lives and works of artists from Raphaël to David Hockney to Louise Bourgeois and collected in *Rue du Regard, Gloire des formes,* and other volumes. He is the director of a gallery of contemporary art and lives and works in Paris.

Cole Swensen has published 13 volumes of poetry and 15 of translations from the French, including poetry, prose, and art criticism. The founding editor of the translation press La Presse, she teaches at Brown University and divides her time between the east coast and Paris.